¿Quién fue Helen Keller?

Por Gare Thompson

Ilustrado por Nancy Harrison

Traducido del inglés por Inés Rocha

Grosset & Dunlap

An Imprint of Penguin Group (USA) Inc.

A mi madre, Irene Pine—GT

GROSSET & DUNLAP
Published by the Penguin Group
Penguin Group (USA) Inc., 375 Hudson Street, New York, New York 10014, USA
Penguin Group (Canada), 90 Eglinton Avenue East, Suite 700, Toronto, Ontario M4P 2Y3,
Canada (a division of Pearson Penguin Canada Inc.)
Penguin Books Ltd., 80 Strand, London WC2R 0RL, England
Penguin Group Ireland, 25 St. Stephen's Green, Dublin 2, Ireland
(a division of Penguin Books Ltd.)
Penguin Group (Australia), 250 Camberwell Road, Camberwell, Victoria 3124, Australia
(a division of Pearson Australia Group Pty. Ltd.)
Penguin Books India Pvt. Ltd., 11 Community Centre,
Panchsheel Park, New Delhi—110 017, India
Penguin Group (NZ), 67 Apollo Drive, Rosedale, Auckland 0632, New Zealand
(a division of Pearson New Zealand Ltd.)
Penguin Books (South Africa) (Pty.) Ltd., 24 Sturdee Avenue,
Rosebank, Johannesburg 2196, South Africa

Penguin Books Ltd., Registered Offices: 80 Strand, London WC2R 0RL, England

Spanish translation by Inés Rocha.

Spanish translation copyright © 2012 by Penguin Group (USA) Inc.
Text copyright © 2003 by Gare Thompson. Illustrations copyright © 2003 by
Nancy Harrison. Spanish edition published in 2012 by Grosset & Dunlap,
a division of Penguin Young Readers Group, 345 Hudson Street, New York, New York 10014.
GROSSET & DUNLAP is a trademark of Penguin Group (USA) Inc. Printed in the U.S.A.

The Library of Congress has catalogued the original English edition under the following
Control Number: 2003017972

ISBN 978-0-448-45874-8   10 9 8 7 6 5 4 3 2 1

Contenido

¿Quién fue
Helen Keller?

Nacida hace más de cien años, Helen aprendió a hablar, leer y escribir, algo que puede no sonar como un gran logro pero... Helen Keller era sorda y ciega.

Imagina que tus oídos están tapados con algodón. No puedes oír nada, ni siquiera a alguien que grita. Tienes los ojos vendados. Tampoco ves nada. Tu mundo es oscuro y silencioso. Ese era el mundo de Helen Keller.

HELEN KELLER

Cuando Helen creció, muy pocas personas sordas aprendían a hablar. Existían muy pocas escuelas para niños sordos y ciegos. Muy pocas personas ciegas aprendían a leer y escribir. Helen Keller no solamente aprendió todo eso sino que hizo muchas otras cosas. Escribió varios libros que fueron éxitos de ventas y dio conferencias alrededor del mundo. Demostró que sus impedimentos físicos no la detenían. Sobre todo, les dio esperanza a otras personas quienes, como ella, no podían ver ni oír.

Capítulo 1
Los primeros años

Helen Keller nació el 27 de junio de 1880, en Tuscumbia, Alabama. Su padre, Arthur Keller, había luchado a favor del Sur en la Guerra Civil. Después de la guerra retornó a su granja. Poco después murió su primera esposa y él se volvió a casar con una mujer llamada Kate Adams. Los dos

EL CAPITÁN KELLER

KATE KELLER

hijos de su primer matrimonio y su joven esposa llamaban a Arthur Keller "Capitán". Además de encargarse de su granja, el Capitán era también el editor del periódico local. Era un hombre sosegado y severo.

La primera niña de la familia, Helen, iluminó sus vidas. Se reía y susurraba. Helen era la niña de los ojos de su madre. Su padre la adoraba.

CASA DE LA FAMILIA KELLER EN TUSCUMBIA

Helen escribió sobre sus primeros años: "El principio de mi vida fue simple y muy similar a cualquier otra vida... Llegué, vi y conquisté, como lo hace el primer bebé de cualquier familia".

Helen era inteligente. Comenzó a hablar muy pronto. Se dice que sus primeras palabras fueron "ti, ti, ti" y "gua, gua" pidiendo agua. Si no conocía la palabra para nombrar algo, Helen hacía señas para mostrar a su madre lo que quería. Comenzó a caminar a muy temprana edad. Muy pronto, corría por toda la casa.

Luego, antes de cumplir dos años, cayó enferma, muy enferma. Tenía una fiebre muy alta. En esa época, las medicinas disponibles eran muy pocas. El médico estaba convencido de que Helen moriría.

Luego, repentinamente, la fiebre bajó y Helen durmió tranquila. La familia se alegró muchísimo porque su hija adorada volvía a estar bien.

Pero Helen no estaba bien. Mientras su madre la bañaba, movió una mano frente a los ojos de Helen... Helen no parpadeó. Sus ojos miraban derecho al frente. Kate repitió el movimiento con la esperanza de estar equivocada, pero no lo estaba: Helen estaba ciega y... eso no era todo.

Todas las noches, Kate tocaba una campana para llamar a la familia para la cena. Todos oían el sonido fuerte y metálico, dejaban lo que estaban haciendo y se sentaban a la mesa. Pero Kate notó que Helen ya no reaccionaba ante el sonido. Kate llamó al Capitán y a su hermana Evelyn, quien vivía con ellos. Los tres le gritaron a Helen, le

hablaron suavemente, aplaudieron cerca de sus oídos... Helen no reaccionó. Los temores de la señora Keller eran ciertos: su hija había quedado sorda además de ciega.

Sus padres la llevaron a un médico, quien la examinó pero no pudo hacer nada por ella. *¿Cómo*—se preguntó la señora Keller—*aprendería su inteligente y preciosa hija a vivir en ese mundo oscuro y silencioso?*

Capítulo 2
Años oscuros

El mundo de Helen no tenía días o noches. No podía ver salir el sol cada mañana o la luna con su halo plateado en las noches. No podía oír el canto de los pájaros o los grillos. Vivía en una oscuridad silenciosa. Imagina que no puedes oír, ver ni hablar. ¿Cómo harías para que la gente te entendiera?

¿Cómo "hablarías"?

Helen era inteligente.
Andaba siempre tras su
madre, colgada de sus
faldas. Helen reconocía
los diferentes olores.
Sentía vibraciones
cuando las personas o
cosas se movían a su alrededor. Con el tiempo,
Helen encontró formas de comunicarse e inventó
señales para decir a las personas lo que quería.

Cuando Helen era pequeña, no había muchas
escuelas para personas sordas o ciegas y, en Alabama,
donde ella vivía, no había siquiera una. En las
escuelas para sordos, los niños aprendían a hacer
señas con sus manos. Las señas representaban
palabras.

Para cuando cumplió cinco años, Helen había
inventado más de cincuenta señas. Halaba de su
padre o madre y eso significaba "ven conmigo".

LENGUAJE DE GESTOS

HACE TIEMPO, UN GRUPO DE PERSONAS SORDAS EN PARÍS, FRANCIA, DESARROLLÓ SU PROPIO LENGUAJE DE SEÑAS. LUEGO, EN 1755, UN MAESTRO QUE PODÍA OÍR—EL ABATE CHARLES-MICHEL DE L'EPÉE—APRENDIÓ ESAS SEÑAS E INVENTÓ OTRAS NUEVAS PARA FORMAR UN LENGUAJE DE SEÑAS ESTÁNDAR DEL FRANCÉS. CON ELLO, LAS PERSONAS SORDAS Y NO SORDAS PODÍAN COMUNICARSE. MUCHAS DE LAS SEÑALES FRANCESAS DE ESOS TIEMPOS AÚN SE UTILIZAN HOY DÍA.

Los empujaba cuando quería que se alejaran. Cuando quería "pan", Helen simulaba cortar una tajada y untarle mantequilla. Para "pequeño", se daba un pellizco pequeño en la mano, y extendía los dedos y luego los recogía para decir "grande". Helen también tenía señas para cada miembro de su familia. Para el Capitán, su padre, Helen hacía la

mímica de ponerse las gafas; para su madre, hacía un moño con su cabello.

La familia intentaba entender a Helen pero no era tarea fácil. Tenía un temperamento terrible. Cuando no obtenía lo que quería, hacía una pataleta.

Helen sabía que las personas hablaban con los labios. Intentaba mover sus labios pero ningún sonido salía de ellos. No entendía por qué y se enfurecía. Gritaba y pateaba llena de frustración. Sus rabietas solo terminaban cuando el cansancio la vencía.

Sus padres no sabían cómo tratarla. Algunos parientes les dijeron que Helen no debería continuar viviendo con ellos. Debían "internarla", lo que significaba dejarla en un hospital u hogar para sordos y ciegos. En el siglo XIX era frecuente internar en ese tipo de establecimientos a las personas con incapacidades. Era común que, una vez que las enviaban allí, las familias no las volvieran a ver nunca. Pero la señora Keller no quería hacerle eso a su hijita. Ella sabía que su hija era inteligente. Pero, ¿cómo podrían enseñarle algo?

Capítulo 3
Helen se enseña a sí misma

Helen pasaba ratos felices aun en su mundo oscuro. Le fascinaba estar al aire libre. Andaba cuidadosamente a tientas siguiendo las paredes de la casa. A Helen le encantaba tocar las plantas que crecían alrededor de la casa. Olía las flores. Muy pronto aprendió a reconocer las plantas por su olor y características al tacto. Esas eran sus formas de obtener información.

Helen aprendió a hacer tareas sencillas. Doblaba la ropa limpia y reconocía sus vestidos. También aprendió que su madre se ponía el abrigo cuando iba a salir. Helen tiraba del abrigo para pedirle que la llevara con ella.

Pero, para Helen, los contratiempos de la vida diaria podían convertirse en accidentes peligrosos. Una vez derramó un poco de agua en su delantal y, queriendo secarlo, se acercó a la chimenea. No

sabía qué tan cerca estaba de las llamas y su delantal prendió fuego. Su niñera apagó rápidamente las llamas con una cobija. Helen se quemó levemente los dedos y el cabello. Tuvo suerte...

A medida que crecía, Helen comenzó a hacer travesuras. Le gustaba gastar bromas. Un día, Helen encontró unas llaves. Sabía que las llaves servían para cerrar puertas. Su madre había entrado a la despensa a sacar algo y Helen se encontraba en la puerta. Tomó las llaves y encerró a su madre en la despensa. Kate golpeaba la puerta y gritaba. Helen se sentó en el pórtico, donde podía sentir las vibraciones de los golpes de su madre. Se sentó allí a reír. La señora Keller estuvo encerrada en la despensa durante tres horas.

Helen y una joven sirvienta llamada Martha
Washington solían jugar juntas. Martha era unos
años mayor que Helen, pero Helen era más
mandona. Un día estaban cortando muñecas de
papel en el pórtico pero Helen ya estaba aburrida,
así que decidió cortar todas las flores de una
enredadera cercana. Aburrida también de esa
actividad, resolvió cortarle el cabello a Martha. Al
principio, Martha se opuso pero luego se resignó.
Pocas personas se atrevían a oponerse a Helen.

Así que, poco después, su cabello rodeaba sus pies. Luego, sintiendo que era lo más justo, Helen autorizó a Martha a cortarle sus largos rizos dorados. La madre de Helen quedó muy molesta con las dos niñas.

El otro amigo de Helen era el perro de la familia, Belle. Helen intentó enseñarle sus señas, pero el perro se limitaba a dormir o corretear pájaros. Helen no lograba entender por qué Belle era tan mal estudiante.

Y así pasaba la vida de Helen.

Luego, cuando Helen tenía cinco años, nació su hermana Mildred. El mundo de Helen cambió repentinamente porque alguien más exigía el cariño de su madre. Alguien más ocupaba el regazo de su madre. Helen estaba muy celosa del bebé que parecía estar robándole a su madre.

Un día, Helen encontró a su hermanita durmiendo en la cuna de su muñeca. Enfureció y, antes de que alguien pudiera detenerla, Helen volteó la cuna. Mildred salió rodando. Por fortuna, la señora Keller alcanzó a agarrar a Mildred antes de que se golpeara contra el suelo. En ese momento, la señora Keller entendió que Helen era un peligro no

solo para sí misma; también
era un peligro para los demás.
Si no podía controlarla ahora
que era tan solo una niña,
¿qué sucedería cuando fuera
mayor? Helen tenía que
cambiar.

Los Keller llevaron a Helen a donde otro
médico, en Baltimore, Maryland. Era especialista
en ojos y, una vez más, los Keller oyeron las mismas
palabras: no podía hacer nada por Helen. Pero el
doctor le habló al Capitán Keller sobre Alexander
Graham Bell, quien vivía en Washington, D.C.
Bell había inventado el teléfono en 1876 pero,
anteriormente, había sido maestro de sordos. Tal
vez él conociera a alguien que pudiera ayudar a
Helen.

Por primera vez en mucho tiempo, los Keller
tenían una leve esperanza.

ALEXANDER GRAHAM BELL

HOY DÍA CONOCEMOS A ALEXANDER GRAHAM BELL POR SER EL INVENTOR DEL TELÉFONO, PERO ÉL TAMBIÉN DEDICÓ TODA SU VIDA A AYUDAR A LOS SORDOS. SU MADRE ERA PRÁCTICAMENTE SORDA. CUANDO JOVEN, BELL ERA MAESTRO DE NIÑOS SORDOS. USABA DIBUJOS PARA ENSEÑAR A LOS SORDOS A USAR SU

LENGUA, LABIOS Y CUERDAS VOCALES PARA HABLAR. UNA DE LAS ESTUDIANTES SORDAS CON LAS QUE TRABAJÓ FUE MABEL HUBBARD, QUIEN HABÍA QUEDADO SORDA CUANDO ERA PEQUEÑA A CAUSA DE UNA ENFERMEDAD. SIENDO UNA NIÑA BRILLANTE Y ENTUSIASTA, LOGRÓ GRANDES PROGRESOS. CON EL TIEMPO, BELL Y ELLA SE ENAMORARON Y SE CASARON. EL TRABAJO DE BELL CON EL SONIDO Y EL HABLA LE AYUDÓ A CREAR EL TELÉFONO EN 1876.

Capítulo 4
Un rayo de esperanza

El Capitán, la tía Evelyn y Helen fueron a ver al doctor Bell. Antes de partir, su madre la peinó cuidadosamente. Helen tenía seis años y parecía un ángel.

Helen entró a la oficina del doctor Bell e inmediatamente se hicieron amigos. Helen se sentó en su regazo. La pequeña y el inventor se sentían muy bien juntos. Posteriormente, en su autobiografía, Helen escribió: "Él entendía mis señas, yo lo sabía e instantáneamente lo amé".

Bell sentía que Helen podía aprender. La consideraba una niña inteligente y sensata. Quería que tuviera éxito. Tal vez—solo tal vez— Helen Keller podría llevar una vida más normal.

Bell prestó a Helen su reloj para que se entretuviera mientras él hablaba con el Capitán. Le pidió al Capitán que escribiera al Instituto

Perkins para Ciegos en Boston, Massachusetts (luego llamado Escuela Perkins). El doctor Bell también le contó que, cuarenta años antes, una niña sorda y ciega—Laura Bridgman—había aprendido a leer, escribir y hablar con señas de manos. Estaba seguro de que los Keller encontrarían allí un maestro para Helen.

De regreso en casa, el Capitán escribió al rector de la Escuela Perkins informándole que necesitaba un maestro para su hija. Los Keller esperaron ansiosos la respuesta...

Michael Anagnos, el rector de Perkins, respondió diciendo que tenía una maestra en mente. Su nombre era Anne Sullivan. Los Keller estaban muy emocionados. Lo que no sabían era que tendrían que convencer a Anne Sullivan de aceptar el trabajo.

¿Quién era Anne Sullivan? Anne, o Annie, era huérfana y había tenido una vida muy dura y solitaria. De niña había sido parcialmente ciega.

Fue enviada a la Escuela Perkins y, posteriormente, recuperó la vista gracias a una operación. Annie se graduó en el primer lugar de su clase en Perkins. Al igual que Helen Keller, era muy inteligente y terca.

ANNIE SULLIVAN

A los veinte años, Annie nunca había sido maestra y no estaba segura de poder hacer el trabajo; ni siquiera de querer hacerlo. El señor Anagnos le daba ánimos porque estaba convencido de que esta joven, solitaria e inteligente mujer era la persona ideal para esa labor. Y Annie no tenía muchas más opciones: o trabajaba como maestra o trabajaba en una fábrica. Annie decidió aceptar el empleo con los Keller.

A Annie le tomó dos meses prepararse para su nuevo empleo. Había conocido a Laura Bridgman y aprendido el alfabeto manual. Hablaba con Laura deletreando las palabras en su mano. Ahora se dedicó a estudiar los diversos métodos para enseñar el alfabeto manual. Se preparó tan bien como pudo pero no tenía idea de lo que le esperaba ni de la forma en que su nuevo empleo cambiaría su vida.

THOMAS HOPKINS GALLAUDET

THOMAS HOPKINS GALLAUDET, DE HARTFORD, CONNECTICUT, FUE QUIEN CREÓ POSIBILIDADES EDUCATIVAS REALES PARA LOS NIÑOS SORDOS DE ESTADOS UNIDOS. QUERÍA AYUDAR A LA PEQUEÑA HIJA DE SUS VECINOS, ALICE COGSWELL. EN 1816, GALLAUDET VIAJÓ A PARÍS, FRANCIA, A ESTUDIAR EN UNA ESCUELA PARA PERSONAS SORDAS. DESPUÉS DE UNOS MESES, REGRESÓ A ESTADOS UNIDOS PARA FUNDAR SU PROPIA ESCUELA Y TRAJO CON ÉL A UN MAESTRO FRANCÉS DEL LENGUAJE DE SEÑAS. EN 1817, GALLAUDET FUNDÓ EN HARTFORD, CONNECTICUT, LA PRIMERA ESCUELA PARA PERSONAS SORDAS DEL PAÍS. POCO DESPUÉS SE ABRIERON OTRAS ESCUELAS PARA SORDOS. LUEGO, EN 1864, EL HIJO DE GALLAUDET FUNDÓ LA UNIVERSIDAD GALLAUDET EN WASHINGTON, D.C.

Capítulo 5
Annie Sullivan llega a casa

Era el 3 de marzo de 1887 y Helen no tenía ni idea de que este sería el día más importante de su vida.

Helen era consciente de que toda su familia se

encontraba nerviosa. Podía sentir la tensión en el aire mientras su madre iba y venía por toda la casa. Todo estaba recién limpiado y pulido. Su madre y su medio hermano se vistieron para ir a la estación de tren. Hellen tiró de la falda de su madre porque quería acompañarlos pero su madre se negó a llevarla.

Finalmente, Annie Sullivan llegó a Alabama en el tren de las seis y media. La señora Keller

la recibió amablemente, con ojos brillantes de emoción. Una pequeña multitud se reunió para ver a "la muchacha *yankee* que venía a enseñar a la niña de los Keller". Sola, en un lugar extraño, Annie lucía ansiosa, pálida y cansada.

De camino a la granja de la familia Keller, Annie iba sentada en la parte trasera del carruaje y observaba los alrededores. El pequeño pueblo de Tuscumbia se parecía a los pueblos de Nueva Inglaterra y eso la tranquilizó. Estaba ansiosa por conocer a su nueva alumna.

Helen estaba de pie en el pórtico cuando

sintió las vibraciones del carruaje que se acercaba por el sendero. Estiró sus brazos buscando a su madre pero, en su lugar, una desconocida la abrazó.

A Helen no le gustaban los desconocidos y se rehusó a dejarse besar por Annie.

Pero los extraños también le producían curiosidad. Tocó el rostro, traje y maleta de la desconocida y luego abrió la maleta. Esperaba encontrar los regalos que solía recibir cuando venían visitantes. Su madre intentó detenerla sin éxito; finalmente, la señora Keller tuvo que quitarle la maleta de las manos.

Helen enfureció. Su rostro se puso rojo, se agarró de la falda de su madre y comenzó a lanzar patadas. Nadie hizo nada. Luego, Annie acercó su pequeño reloj al rostro de Helen. Al sentirlo, Helen se tranquilizó. La pataleta había pasado.

Helen siguió a Annie hasta su habitación y la ayudó a quitarse el sombrero. Luego, se lo puso y meneó la cabeza a lado y lado. Annie observó a Helen y se preguntó cómo podría enseñarle a esta niña bella y salvaje. No estaba segura de lograrlo. Annie suspiró... mañana comenzaría a intentarlo.

A la mañana siguiente, Helen fue llevada a la habitación de Annie, donde la ayudó a desempacar sus cosas. En el equipaje, Helen encontró una muñeca preciosa.

La muñeca era un regalo para Helen; se la enviaban los chicos de la Escuela Perkins. Laura Bridgman, la ex estudiante sorda y ciega, había hecho las ropas de la muñeca. Annie deletreó lentamente la palabra *muñeca* en la palma de la mano de Helen con lo que Helen dio por hecho que la muñeca le pertenecía. Siempre que quería algo, lo señalaba primero y luego se señalaba a sí misma, pero Annie no lo sabía. Ella sencillamente trataba de mostrarle a Helen que *m-u-ñ-e-c-a* significaba *muñeca*, que la palabra representaba algo. Annie recuperó la muñeca y se dispuso a deletrear nuevamente *muñeca* en la palma de la mano de Helen. Pero Helen se había enfurecido... pensó que Annie le quitaba la muñeca después de habérsela regalado.

Annie quiso tomar la mano de Helen pero ella no se lo permitió. Helen se disponía a hacer otro berrinche, por lo que Annie intentó sentarla en una silla y calmarla. Quería repetir la lección pero fue imposible porque Helen se puso aun más furiosa... finalmente Annie la dejó ir.

Pero Annie no estaba dispuesta a darse por

vencida. Corrió al piso inferior, tomó una tajada de pastel y se lo llevó a Helen. Colocó el pastel bajo las narices de Helen y deletreó *p-a-s-t-e-l* en su mano. Helen quiso tomar el pastel pero Annie volvió a deletrear la palabra y le dio unas palmaditas en la mano. Y... ¡esta vez Helen deletreó la palabra! Annie le dio el pastel. ¿Entendió Helen que *p-a-s-t-e-l* significaba *pastel*? En realidad, no. Helen simplemente estaba imitando a Annie; no sabía que si se acercaba a Annie y deletreaba *p-a-s-t-e-l* en su mano, Annie entendería que quería una tajada de pastel.

Ahora, Annie volvió a deletrear la palabra *muñeca* en la mano de Helen. Helen la imitó y deletreó *m-u-ñ-e-c*. Annie le deletreó la última letra y le entregó

la muñeca. Helen se precipitó al piso inferior con ella. "No sabía que estaba deletreando una palabra; ni siquiera sabía que las palabras existían", escribió años después. "Estaba sencillamente imitando como un mono el movimiento de los dedos".

Helen se rehusó a estar con Annie el resto del día. Annie suspiró: maestra y alumna tenían un largo camino por recorrer.

Los días siguientes no fueron más fáciles. Helen se mantenía alejada de Annie. ¿Sería capaz Annie de romper la muralla que mantenía a Helen en su mundo de silencio? No estaba segura.

Un día, durante el desayuno, se desató otra batalla: Helen siempre comía de los platos de todos, tomaba lo que quería mientras daba vueltas a la mesa. Nadie de la familia se oponía ni decía nada al respecto. Annie quedó horrorizada. ¡Helen no comería de su plato!

Helen montó en cólera cuando Annie alejó su plato. Se lanzó al suelo pateando y gritando pero Annie continuó comiendo y luego pidió a la familia que abandonara el comedor. Molestos y confundidos, las dejaron solas y Annie aseguró la puerta tras ellos.

La guerra estaba declarada.

Annie regresó para terminar su desayuno. Helen intentó tumbar la silla en la que estaba sentada Annie pero no lo logró. Poco a poco comenzó a tranquilizarse. Se puso de pie y tanteó alrededor de la mesa entendiendo que se encontraba sola con Annie. Helen quedó confundida. Una vez más, quiso tomar comida del plato de Annie pero

ella se lo impidió. Finalmente, Helen se sentó en su puesto y comenzó a comer su desayuno con las manos.

Annie le puso una cuchara en la mano y Helen la lanzó al suelo. Annie la obligó a recogerla y la mantuvo en su mano, obligándola a comer con ella. Entendiendo que Annie no se daría por

vencida, Helen terminó su desayuno usando la cuchara.

Luego le llegó el turno a la servilleta. Annie quería que Helen la doblara. Helen la lanzó al suelo y corrió a la puerta. Al encontrarla cerrada, Helen comenzó a gritar y patalear una vez más. Annie pasó la siguiente hora induciendo a Helen a doblar la servilleta. Cuando finalmente la servilleta estuvo doblada, Helen quedó en libertad y corrió al jardín, lo más lejos posible de Annie. Extenuada, Annie se dirigió a su habitación.

Annie se sintió mejor después de llorar un buen rato. Refiriéndose a estas batallas, Annie decía que "para lograr que hiciera las cosas más simples, tales como peinar su cabello o lavarse las manos... era necesario usar la fuerza y, desde luego, siempre seguía una escena angustiante". La familia no soportaba esas escenas, todos querían ayudar a Helen. Su padre no resistía verla llorar pero sus intervenciones a favor de Helen impedían a Annie hacer su trabajo y enseñarle, así que Annie tomó una decisión.

Annie llegó a la conclusión de que tendría que vivir sola con Helen. Era la única forma de romper la muralla de oscuridad y silencio, por lo que Annie habló con la familia Keller. Pensó que no aceptarían pero no fue así. Los Keller harían cualquier cosa para ayudar a Helen, así que Helen y Annie se trasladaron a la cabaña del jardín.

Annie no quería que Helen supiera que se encontraban a pocos pasos de su casa y sus padres, así que hizo cambiar de lugar todos los muebles y dio una larga vuelta en el carruaje antes de llegar a la cabaña. Funcionó: Helen quedó convencida de que se encontraba en un lugar desconocido.

Helen y Annie sostuvieron muchas batallas en

la cabaña. Annie no le permitía comer en tanto no se vistiera. Helen se rehusaba a vestirse.

El Capitán Keller las observó por la ventana un día y quiso deshacerse de Annie, pero la familia lo convenció de no hacerlo. Fue una suerte que no lo hiciera.

Durante las dos semanas siguientes, Helen comenzó a cambiar lentamente. Empezó a obedecer a Annie.

Luego, el 5 de abril de 1887, sucedió un milagro. Helen se encontraba lavando los platos. Annie deletreó la palabra *agua* en su mano y Helen no reaccionó. Las dos salieron al jardín.

Helen puso su taza bajo la llave de la bomba de agua, Annie bombeó el agua helada y deletreó la palabra *agua* otra vez. Helen dejó caer la taza y una mirada de asombro infinito llenó su rostro. Helen le deletreó a Annie la palabra *agua* varias veces. ¡Helen acababa de entender que las palabras representan cosas!

Posteriormente, en su autobiografía, Helen escribió: "Todo tenía un nombre, y cada nombre daba origen a un nuevo pensamiento".

Annie deletreaba muchas palabras en las ansiosas manos de Helen. Finalmente, Helen le preguntó cómo debía llamarla. Annie deletreó *maestra* y se convirtió en Maestra. A los siete años, el mundo

de Helen finalmente se había abierto. La muralla se había derrumbado, por lo que Annie y Helen regresaron a la casa familiar.

Helen progresaba rápidamente. Annie notó que a Helen le encantaba estar al aire libre así que hacían la mayoría de las lecciones afuera. Annie utilizaba el mundo que las rodeaba para enseñarle a Helen. Así, Helen aprendió geografía al lado del río; juntas excavaron canales y construyeron montañas; la naturaleza se convirtió en sus lecciones de ciencias. Muy pronto, Helen

reconocía muchas plantas y sabía cómo crecían. Helen amaba las palabras y el lenguaje.

Helen aprendía con facilidad las palabras. Aprendió sustantivos, verbos y adjetivos. Empezó a entender las palabras abstractas, tales como *pensar*. Y, ahora, Helen podía hablar con su familia: Annie deletreaba lo que ellos decían en la palma de la mano de Helen. Luego Helen respondía. La señora Keller aprendió a hablar con los dedos e incluso el Capitán aprendió a hablar de esa manera.

Para junio, Helen sabía ya unas cuatrocientas palabras. Annie le escribió al señor Anagnos contándole los progresos de Helen. El señor Anagnos habló sobre Helen a los periódicos de Boston y éstos publicaron varios artículos sobre ella. Los lectores querían saber más sobre la bella e inteligente niña sorda y ciega.

La mayoría de los niños de la edad de Helen ya sabía leer y escribir. Annie decidió que Helen también aprendería y comenzó a leerle libros, deletreando toda la historia en la mano de Helen. El mundo de Helen se llenó de cuentos de hadas, héroes, villanos, mitos y leyendas.

Annie también le enseñó a escribir. Lo hacía en un tablero de madera que tenía ranuras sobre las que se ponía el papel. Luego, Helen guiaba el lápiz para formar las letras. Así es como aprenden a escribir las personas ciegas.

Helen había progresado mucho. También aprendió Braille, el sistema de escritura de los ciegos. Muy pronto pudo leer sola libros en Braille y un nuevo mundo se abrió a sus pies.

Su vida era mucho más feliz ahora, pero seguía teniendo mal carácter. Helen tenía un nombre para sí misma cuando se enfurecía: se llamaba "el fantasma", pero sus pataletas eran cada vez menos frecuentes. Incluso, disfrutaba jugando con Mildred, su hermana pequeña. Ahora su mente era libre para aprender y su corazón era libre para amar.

BRAILLE

MUCHAS PERSONAS CIEGAS LEEN POR MEDIO DEL TACTO EN LUGAR DE LA VISTA. PASAN SUS DEDOS SOBRE PÁGINAS QUE ESTÁN IMPRESAS EN PUNTOS EN RELIEVE. LOS PUNTOS SON ORGANIZADOS PARA REPRESENTAR DIFERENTES LETRAS. ESTE TIPO ESPECIAL DE ESCRITURA FUE INVENTADO POR LOUIS BRAILLE.

LOUIS BRAILLE NACIÓ EN 1809 EN UNA PEQUEÑA CIUDAD FRANCESA. QUEDÓ CIEGO A LOS CUATRO AÑOS. LA MAYORÍA DE LAS PERSONAS CIEGAS DE LA ÉPOCA NO PODÍA LEER NI ESCRIBIR. MUCHOS TENÍAN QUE PEDIR LIMOSNA PARA SOBREVIVIR

PERO LOUIS TUVO SUERTE Y ASISTIÓ A UNA ESCUELA PARA NIÑOS CIEGOS. APRENDIÓ A LEER LETRAS HECHAS PRESIONANDO UN ALAMBRE DE COBRE SOBRE UNA HOJA DE PAPEL PARA FORMAR UNA FORMA EN RELIEVE. LOUIS PODÍA LEER, PERO SEGUÍA SIN SABER ESCRIBIR.

LUEGO, UN DÍA, UN

LOUIS BRAILLE

SOLDADO APARECIÓ EN
LA ESCUELA Y MOSTRÓ
A LOS ESTUDIANTES
UN SISTEMA LLAMADO
"ESCRITURA NOCTURNA". EL
SISTEMA AYUDABA A QUE
LOS SOLDADOS EN EL CAMPO
DE BATALLA SE COMUNICARAN
ENTRE SÍ EN LA OSCURIDAD
SIN NECESIDAD DE HABLAR.
ESTABA BASADO EN UNA SERIE
DE PUNTOS EN RELIEVE.

LOUIS ESTABA MUY
ENTUSIASMADO POR ESTE
NUEVO TIPO DE ESCRITURA.
ENTENDÍA LO ÚTIL QUE PODÍA SER, POR LO QUE
HIZO EXPERIMENTOS HASTA QUE ENCONTRÓ
UN SISTEMA DE SEIS PUNTOS. LAS PERSONAS
CIEGAS PODÍAN LEERLO Y, ADEMÁS, PODÍAN
ESCRIBIRLO USANDO UN ESTILO (UNA HERRAMIENTA
PUNTIAGUDA PARECIDA A UN BOLÍGRAFO) PARA
HACER LOS PUNTOS.

HOY DÍA, EL LENGUAJE BRAILLE HA SIDO
ADAPTADO A CASI TODOS LOS IDIOMAS Y SE UTILIZA
EN EL MUNDO ENTERO.

EL ALFABETO
BRAILLE

El señor Anagnos pidió a Annie que escribiera un artículo sobre Helen. En las noches, cuando Annie se sentaba en su escritorio a escribir, Helen se sentaba cerca de ella a escribir cartas a los niños de Perkins. Cuatro meses antes nadie habría creído posible esta escena.

El señor Anagnos compartía las historias sobre Helen y Annie. Los periódicos de Boston seguían publicando artículos sobre ellas y comenzaron a

referirse a Helen como la "niña maravilla". Los lectores querían conocerla y saber

más sobre ella. Algunos dudaban de la veracidad de las historias. De una u otra forma, Helen se estaba haciendo famosa.

Annie y Helen continuaron con sus lecciones haciendo caso omiso de su creciente fama en el Norte. Ya llegaba la Navidad y esta era la primera vez que Helen entendía de qué se trataba y podría participar en las celebraciones. Helen y Annie leían historias de Navidad e inventaban otras propias. Helen se dejó llevar por el entusiasmo y alegría de las fiestas. Le encantaba hacer regalos y dar pistas sobre ellos. La familia Keller tenía mucho que agradecer en estas festividades y también Annie, quien al fin tenía un hogar.

El año nuevo de 1888 llegó lleno de esperanzas: Helen cumpliría ocho años pero más importante aún era que dejaría su hogar ese año. Helen quería ir a Perkins y Annie la acompañaría. Pero antes, Helen tendría que prepararse para el viaje.

Annie y Helen trabajaron con mayor ahínco en las lecciones. A la señora Keller le preocupaba que Helen se estuviera exigiendo demasiado ya que frecuentemente se encontraba cansada. Habló con Annie, pero Annie le dijo que no podía frenar el ritmo de Helen. Helen jamás quería descansar... tenía demasiado que aprender.

Para mayo de 1888, Helen estaba lista para partir pero algo sorprendente sucedió y cambió sus planes. ¡Helen y Annie fueron invitadas a la Casa Blanca a conocer al Presidente Grover Cleveland! Al igual que tantos otros, el presidente estaba

GROVER CLEVELAND

asombrado por todo lo que Helen había logrado aprender. La mayoría de las personas pensaba que los ciegos siempre serían seres desvalidos. Muchos creían que, porque no podían ver u oír, los ciegos y sordos no eran inteligentes. Helen le probó al presidente de Estados Unidos lo equivocados que estaban.

Capítulo 6
Los años en Perkins

Desde Washington D.C., Annie y Helen se dirigieron a Boston en tren. En Perkins, Helen conoció a la ya madura Laura Bridgman. Sin embargo, la reunión fue muy decepcionante. A Laura le pareció que Helen era demasiado hombruna porque Helen se sentó en el suelo, cosa que Laura no vio con buenos ojos. Cuando Helen se iba, se agachó a besar a Laura y le pisó un pie. Laura pegó un grito de dolor y Helen se sintió como una colegiala torpe.

Algunas personas consideraron que Helen era muy escandalosa y reía demasiado. Annie no estaba de acuerdo; sabía que Helen estaba llena de vida. Annie quería que Helen asumiera su vida y no se sentara a esperar a que las cosas sucedieran.

Helen habló en la ceremonia de graduación de Perkins, un evento muy importante. Los periódicos

de Boston publicaban historias sobre la escuela y los jóvenes que se graduaban de allí. Al evento asistían personajes importantes y poderosos. Cuando el gobernador de Massachusetts entró, la banda tocó. Diez muchachos demostraron sus habilidades aritméticas. Luego, le tocó el turno a Helen.

Helen había estado sentada pacientemente en la plataforma esperando su turno. Sonreía y estaba muy contenta. Podía sentir la energía de la multitud. Muy orgullosa, Helen deletreó en la mano de Annie un poema sobre los pájaros. Annie pronunciaba las palabras a medida que Helen las deletreaba. El público estaba embelesado.

Cuando la escuela cerró para las vacaciones de verano, Annie y Helen fueron a Cape Cod.

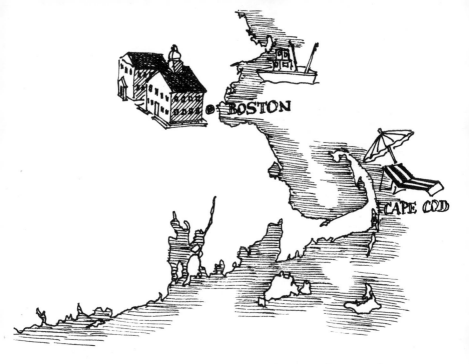

Por primera vez en su vida, Helen nadó en el mar.
Estaba fascinada por la sensación del agua salada y
fría en su rostro. Cape Cod se convirtió en su lugar
favorito.

Un día, cuando Helen nadaba, las olas la
sumergieron. Mientras luchaba para regresar a la
superficie, tragó mucha agua. Las olas finalmente
la lanzaron a la playa. Helen quedó allí aterrorizada
y no muy segura de lo que había sucedido. Annie

corrió a su encuentro, la abrazó y consoló.

Helen era valiente. Dios días después, regresó a nadar al océano. Solo tenía una pregunta: ¿quién le había echado sal al océano?

De regreso en Alabama, Annie y Helen retomaron sus lecciones diarias.

Con el paso del tiempo, Annie pensó en abandonar Alabama. Las personas del lugar se

quedaban mirándolas cuando visitaban el pueblo. Annie creía que Helen aprendería más viviendo en la ciudad.

Así que Annie pidió a la familia Keller autorización para trasladarse con Helen a vivir en Perkins. Aceptaron a regañadientes, sabiendo que sería lo mejor para Helen.

En octubre, Annie y Helen regresaron a Perkins. Helen no era alumna matriculada, era una invitada, pero se dedicó de todo corazón al trabajo escolar. Estudió Geografía, Botánica (el estudio de las plantas), Zoología (el estudio de los animales) y Aritmética. Aritmética era la materia que menos le gustaba.

El tiempo en Perkins pasó rápidamente. La poesía se convirtió en su gran pasión y en una ocasión fue a visitar a Oliver Wendell Holmes, el gran escritor de Nueva Inglaterra. Posteriormente, leyó sus poemas a los alumnos de Perkins y le envió una carta. Le dijo a Holmes que lamentaba que

él no tuviera niños pequeños para jugar, aunque parecía contento con todos sus libros. Prosiguió contándole lo que estaba aprendiendo y le preguntó si su hermana pequeña podría ir a conocerlo cuando la visitara. Holmes quedó encantado con la carta y la publicó en una importante revista llamada *The Atlantic Monthly*. Tras semejante honor, Helen comenzó a tomarse más en serio sus escritos.

En la primavera de 1890, llegó a Perkins— procedente de Noruega—una maestra llamada Mary Swift Lamson. Durante su estadía en Noruega había oído sobre una niña sorda y ciega que había aprendido a hablar. Helen se aferró a esa idea y aprender a hablar se convirtió en su gran sueño. Annie intentaba ser realista porque no quería que Helen se llevara una gran decepción ya que si una persona no puede ver la cara de los demás, es muy difícil—casi imposible—que aprenda a hablar. Pero Helen no estaba dispuesta a desistir.

Annie no fue un obstáculo para Helen. Le consiguió una maestra. Helen tenía que tocar la boca de su maestra mientras hablaba para aprender

cómo se movían los labios y la lengua al formar palabras. Al final de la primera lección, Helen podía pronunciar las letras *i, m, p, q, s* y *t*. Helen se soñaba regresando a casa y hablando con su familia; practicaba todo el tiempo con Annie pero su voz nunca sería clara, cosa que le molestó toda la vida. Sentía que su incapacidad para hablar claramente la hacía diferente.

A los once años Helen escribió un cuento que tituló "The Frost King". Le regaló la historia al señor Anagnos para su cumpleaños. Era una historia bellísima, llena de imágenes y color. Fue publicada en *The Mentor*, la revista de los alumnos de Perkins, en enero de 1892. El público alabó la historia.

Sin embargo, Helen no había inventado la historia. Un periódico publicó el cuento de Helen al lado de otro titulado "The Frost Fairies", de Margaret Camby. Eran iguales... Helen estaba apabullada. Annie aseguró que nunca le había leído

ese cuento a Helen y nadie recordaba habérselo leído. Pero, en la casa en la que se habían hospedado en Cape Cod, se encontró una copia de ese libro. De alguna manera Helen había oído la historia y lo olvidó.

Helen quedó destrozada. ¡No había pretendido engañar a nadie! Fue a la Escuela Perkins a defenderse. Se presentó sola ante un grupo de ocho maestros y funcionarios de la escuela. La mitad del grupo se componía de personas ciegas. Sola, en una habitación mal ventilada y sin Annie, Helen temblaba de miedo. Era como enfrentar un juicio de vida o muerte. Posteriormente escribió: "La sangre bullía en mi corazón palpitante y a duras penas podía hablar...". El grupo no se mostró

compasivo. Le preguntaron una y otra vez quién le había leído la historia.

Helen no podía responder a esa pregunta. No recordaba que se la hubieran leído nunca. Al final, la mayoría del grupo aceptó su versión. El señor Anagnos consideró que todo había sido un terrible malentendido pero sintió que ya no podría confiar en Helen y Annie. La amistad de las dos mujeres con el señor Anagnos terminó allí y, peor aún, Helen nunca volvió a confiar en sus escritos.

¿Estaría escribiendo con su corazón y mente, o estaría repitiendo algo que había oído? Este temor la acompañó siempre que tomaba un bolígrafo.

Helen y Annie regresaron a Alabama y Helen pasó la mayor parte del verano enferma. Ya no se levantaba ansiosa por aprender. Se encerró en sí misma. Poco a poco, su espíritu se recuperó. Ahora tenía que tomar una decisión. ¿Había terminado su educación? ¿Podría encontrar otra escuela?

Capítulo 7
Los años en Nueva York

La puerta de la Escuela Perkins se había cerrado para ella pero otra se abrió. Annie escuchó hablar sobre una nueva escuela para niños sordos. Dos hombres—el Doctor Thomas Humason y John Wright—fundaron la escuela en 1894 en la ciudad de Nueva York. Parecía perfecta para Helen.

LA CIUDAD DE NUEVA YORK

Pero, ¿cómo la pagarían los Keller? El padre de Helen estaba viviendo tiempos difíciles. No había dinero de sobra. Afortunadamente, Helen había conocido a muchas personas ricas, como el doctor Bell, John D. Rockefeller y John Spaulding. Spaulding ofreció pagar la escuela de Helen, así que Annie y Helen se trasladaron a Nueva York.

Se establecieron en una bonita casa al lado de Central Park. En la Escuela Wright-Humanson, Helen estudiaba Aritmética (seguía siendo el curso que menos le gustaba), Literatura inglesa (que le encantaba), Historia de Estados Unidos, Francés y Alemán. También aprendía a leer los labios y a hablar.

La fama de Helen se difundió. Un reportero del *New York Times* la entrevistó. Al llegar, esperaba encontrarse con una niña tranquila y tímida pero Helen, de quince años, lo dejó sorprendido.

A lo largo de la entrevista, Helen rió, bromeó y coqueteó.

Helen y sus compañeros de clase visitaron la Estatua de la Libertad. Helen subió hasta la antorcha, donde el aire le pareció más limpio. El olor del océano le recordaba a Cape Cod. En otra ocasión, la clase de Helen asistió a un show canino en Madison Square Garden. Helen lo disfrutó mucho porque los perros eran su animal favorito.

Un paseo la afectó profundamente: Annie y Helen fueron al Lower East Side, donde muchos de los nuevos inmigrantes vivían en apartamentos pequeños y atestados en edificios llamados inquilinatos. Hasta diez personas podían convivir en una habitación pequeña y oscura.

Helen no podía ver la pobreza pero sí podía
sentirla. Las ropas de las personas se sentían burdas
y rasgadas cuando se cruzaban con Helen en la

calle. Helen también podía sentir el olor a aceite para maquinaria, el serrín, la basura en las calles y el pescado salado. Comprendía la gran diferencia entre la vida de esta gente y la suya.

Muchos famosos vivían en Nueva York y, en una fiesta, Helen conoció a Mark Twain, el autor de *Las aventuras de Huckleberry Finn* y *Tom Sawyer*.

Twain observó a Helen leyendo los labios y conversaron. Cuando Helen se iba, puso una violeta en el ojal del escritor. A partir de entonces fueron amigos toda la vida.

A Helen le gustaba ir a Central Park después de la escuela. En invierno paseaba en trineo. Aprendió a montar a caballo. Helen estaba creciendo; se estaba convirtiendo en una joven bella e interesante.

CENTRAL PARK

Capítulo 8
Los años en Cambridge

A principios del siglo XX muy pocas mujeres asistían a la universidad y ninguna mujer sorda y ciega lo había hecho. Pero Helen estaba resuelta a ser la primera y sabía exactamente a qué universidad quería ir: Radcliffe, la universidad hermana de Harvard, en las afueras de Boston. Radcliffe era considerada la mejor universidad femenina en Estados Unidos. Si Helen lograba ingresar a Radcliffe, sería un logro increíble.

Helen escuchó sobre una forma de ingresar a Radcliffe. Existía una escuela, la Escuela de Cambridge para Señoritas, que preparaba a las jóvenes para Radcliffe.

Annie visitó a Arthur Gilman, el director, y le rogó que aceptara a Helen como alumna. Sorprendido por la solicitud, prometió pensarlo. Helen y Annie no tenían más opción que esperar.

Su respuesta determinaría el futuro de Helen.

Por aquella época murió el padre de Helen. Helen quiso correr a casa para asistir al funeral del Capitán pero su madre no se lo permitió: era verano y muchas enfermedades contagiosas asolaban el sur del país. La señora Keller no estaba dispuesta a arriesgar la salud de Helen, así que Helen se quedó en Massachusetts llorando la muerte de su padre.

Finalmente, Gilman les respondió. ¡Helen había sido aceptada! Por primera vez, Helen se sintió atemorizada de ir a la escuela. ¿Qué sucedería si no le iba tan bien como a las otras jóvenes? ¿Qué sucedería si fracasaba?

Al principio, Helen parecía ser como todas las demás estudiantes de la escuela. Ella y Annie vivían en Howells House, uno de los dormitorios. Helen hizo amigas y algunas de las niñas aprendieron el alfabeto manual para poder hablar con ella. Jugaban y hacían caminatas juntas. Helen estudiaba Inglés, Historia, Latín y Alemán.

Pero muy pocos textos se conseguían en braille y Annie tenía que leerle todos los demás. Annie también se veía obligada a buscar el significado de las palabras que Helen no conocía, aun si eran en alemán o francés.

Helen trabajaba muy duro, estudiaba día y noche porque pretendía graduarse en tres años.

¿Se estaría exigiendo demasiado? La mayoría de las estudiantes pasaba cinco años en la escuela del señor Gilman. Terca como siempre, Helen se rehusaba a ceder.

El exceso de estudio afectó su salud. Ahora, su hermana Mildred también asistía a la escuela y notó que Helen se veía débil y siempre estaba cansada. La señora Keller se angustió. ¿Estaría Annie exigiéndole demasiado a su hija?

La señora Keller se reunió con algunas amigas de Helen. ¿Debía alejar a Annie de su hija? El señor Gilman pensaba que sería lo más conveniente.

Helen y Annie llevaban casi diez años juntas. Donde quiera que Helen fuera, Annie estaba a su lado. Tal vez había llegado el momento de separarse de Maestra. Helen se rehusaba a separarse de Annie; sentía que sin ella estaría perdida.

La señora Keller vacilaba. No estaba segura. Finalmente, la señora Keller tomó partido por Annie: Helen y Annie seguirían juntas. Helen se retiró de la escuela y se trasladó con Annie a vivir en Wrentham, Massachusetts. Allí, Helen estudiaba con un maestro privado... nada le impediría ingresar a Radcliffe.

En junio de 1899 Helen presentó los exámenes de admisión a Radcliffe. Tenía diecinueve años.

Muchos de los estudiantes de primer año tenían dieciocho. Helen temió no pasar los exámenes pero lo logró, y con buenas notas.

El 4 de julio de 1899 Helen recibió su carta de admisión. Los fuegos artificiales de las celebraciones de independencia parecían celebrar su triunfo. Pero el decano de Radcliffe sugirió que Helen retrasara un año su ingreso, lo que a Helen pareció una eternidad. En septiembre de 1900, finalmente, Helen ingresó como estudiante de primer año a Radcliffe. "En el maravilloso mundo de la Mente, seré tan libre como cualquiera", dijo. El gran sueño de Helen se había hecho realidad.

Capítulo 9
La universidad

Así que Helen comenzó su vida de universitaria. Si la Escuela de Cambridge para Señoritas había sido dura, Radcliffe parecía ser imposible. Helen nunca tenía tiempo suficiente. Annie le deletreaba las lecturas en la mano, le leía los libros de texto a Helen. Parecía que estuviesen montadas en un carrusel. No podían descansar un minuto o Helen se atrasaría en sus cursos.

Helen se sentía sola. Ella y Annie vivían en una pequeña casa fuera del campus y estaban lejos de sus compañeras de clase. Las niñas eran amables, pero muchas de ellas no sabían qué decir o cómo actuar cuando estaban con Helen. Otras se sentían extrañas debido a la fama de Helen así que, tras un rápido apretón de manos, salían a perderse.

Y Helen siempre estaba estudiando. No tenía
tiempo para jugar, pensar o soñar despierta.
Siempre tenía que entregar un ensayo, memorizar
una lección o tomar un examen. Su primer año de
universidad fue duro y solitario.

En su segundo año, Helen comenzó a escribir

ensayos con historias sobre su vida. Un editor
de la revista *Ladies' Home Journal* se enteró de la
existencia de esos escritos y pidió autorización a
Helen para publicarlos. ¡Le ofreció $3.000! Helen
estaba asombrada pues era mucho dinero. Aceptó y
comenzó a escribir *La historia de mi vida*.

La revista publicaba cada mes un capítulo de la historia de Helen. El primero funcionó bien pero Helen entregó tarde el segundo y además era demasiado largo. Ni Helen ni Annie sabían editar. ¿Qué iban a hacer?

JOHN MACY

Algunos amigos les hablaron de John Macy, un buen editor. John le ayudó a editar los artículos. La revista y el público estaban muy satisfechos con ellos. Para cuando apareció el último capítulo en la edición de agosto, el mundo estaba enamorado de Helen Keller.

John Macy creía que las historias de Helen podrían convertirse en un libro así que agregó las cartas de infancia escritas por Helen y una sección en la que describía cómo la había educado Annie.

El libro, *La historia de mi vida*, fue todo un éxito y, aun hoy día, se sigue publicando. Ha sido traducido a más de cincuenta idiomas. Helen se había hecho una carrera como escritora y, esta vez, nadie podría acusarla de plagio: ¡esta era *su* historia!

En junio de 1904, Helen Keller se graduó con honores de Radcliffe. Los periódicos del mundo entero difundieron la noticia. Helen había logrado lo que nadie con sus limitaciones había podido hacer. Ahora tenía un título universitario... ¿qué haría con él?

Para Annie también había llegado el momento de tomar grandes decisiones. Ella y John Macy se habían enamorado. Él quería casarse con ella pero Annie se preguntaba qué sería de Helen, ¿podría llevar una vida más independiente? Annie quería casarse con John... y lo hicieron en 1905. Helen se fue a vivir con ellos.

Helen siguió con su vida y publicó su segundo libro, *The World I Live In*, en 1908. En él describía cómo usaba sus otros sentidos—tacto, olfato y gusto—para reemplazar a los ausentes. El libro también revelaba su increíble imaginación y la forma en que imaginaba su mundo. El libro fue otro gran éxito pero Helen quería mantenerse a sí misma y el dinero del libro no era suficiente para eso. ¿Cómo podría ganarse la vida?

The World I Live In

Capítulo 10
Toda una adulta

Helen fue invitada a dar su primera conferencia en Montclair, Nueva Jersey. Helen estaba muy asustada a pesar de que Annie la acompañó. ¿Qué sucedería si nadie le entendía? Helen habló sobre su vida. A nadie pareció importarle la poca claridad de su voz, el público estaba encantado con ella y Helen fue invitada a dictar más conferencias.

Helen y Annie comenzaron un tour de conferencias y visitaron distintas ciudades de Estados Unidos en 1913. Helen hablaba sobre su vida, sus sentimientos y la forma en que había alcanzado todos sus logros. Annie la presentaba al inicio y volvía a hablar al final. Dondequiera que fueran, las recibían con aplausos emocionados.

Helen resultó ser tan buena en el escenario que alguien le propuso hacer una película sobre su vida. Helen y Annie viajaron a Hollywood para el rodaje de la película *Deliverance*. Ambas soñaban con el dinero que les produciría la película. Esperaban volverse ricas y famosas como cualquier otra estrella de cine pero la película no tuvo éxito.

Helen y Annie regresaron a Wrentham muy decepcionadas. Además tenían un nuevo problema: la vista de Annie volvía a fallar, y Annie y John se habían separado. Annie sufría por el fracaso de su matrimonio y temía quedarse ciega, por lo que decidieron tomar un descanso. Helen respondía las muchas cartas que recibía. Tal vez Helen era famosa pero igual se encontraban en bancarrota, por lo que necesitaba encontrar una forma de producir dinero. De repente, le hicieron una oferta.

Agentes de teatro de Nueva York se reunieron con Annie y Helen. El vodevil era un espectáculo conformado por una serie de actos diferentes. Los agentes propusieron que las dos hicieran un acto de veinte minutos sobre su vida juntas. A sus amigos no les gustó la idea y la madre de Helen la aborreció. La gente asistiría sencillamente para ver a una mujer ciega y sorda, decían. Pero a Helen no le importaba, le parecía divertida la idea. Y, como siempre, una vez que Helen decidía hacer algo, no había forma de sacarle la idea de la cabeza.

La primera función fue el 24 de febrero de 1920 en el Teatro Palace de Nueva York. Maestra abrió el acto. Con su acento irlandés contó cómo había comenzado a enseñarle a Helen. Luego, el teatro se llenó de música y Helen apareció en el escenario.

Entre las dos contaron la historia del "milagro": el día en que Annie deletreó la palabra *agua* y Helen entendió lo que significaba.

Al final, el público estalló en aplausos: Helen los había cautivado. Muy pronto, Annie y Helen estaban entre los actores mejor pagados: ganaban hasta $2.500 semanales. Annie comenzó a preocuparse pensando que tal vez las personas asistían esperando ver a Helen caer del escenario o cometer algún otro error. Tal vez algunos iban por eso, pero la mayoría asistía porque admiraba a Helen. Y, a Helen, le encantaba el vodevil. Le gustaba "hablar" con los otros actores y adoraba los olores del lugar. Helen decía que se sentía como parte de una familia.

En 1924 Helen comenzó un nuevo trabajo, uno que le duró el resto de su vida. La Fundación

Estadounidense para Ciegos le pidió que trabajara con ellos. Ella se reuniría con gente, hablaría sobre la ceguera y recaudaría fondos. Helen aceptó, sentía que desde allí podría ayudar a los ciegos de todas partes. Así que Helen se convirtió en la embajadora de los ciegos. Conoció reyes, reinas y presidentes. Annie la acompañaba.

En 1925, Helen tomó un año libre del trabajo para escribir otro libro. Le habían pedido que escribiera sobre su vida en los años recientes, por lo que escribió sobre sus últimos años en Radcliffe, la Fundación para Ciegos y la gente que la rodeaba.

En 1929, su libro *Midstream* fue publicado.
También se vendió muy bien.

Ese mismo año la bolsa de valores quebró
y comenzó la Gran Depresión.
Millones de personas perdieron
sus trabajos y dinero.

Annie enfermó y su vista
fue empeorando. Helen se
sentía muy triste por lo que
le pasaba a Maestra, por lo
que se aseguró de que la cuidaran
bien. Mientras tanto, una secretaria de nombre
Polly Thomson comenzó a suplir temporalmente
a Annie.

En 1936, Annie Sullivan murió. Durante casi
cincuenta años, Maestra había sido el centro de la
vida de Helen. ¿Podría Helen vivir sin ella? Mucha
gente pensó que colapsaría o desaparecería, pero
no fue así. Dentro de su corazón, Helen sabía
que debía seguir adelante. No podía retirarse, a

Maestra no le habría gustado.

Por eso, Helen siguió trabajando únicamente con la ayuda de Polly y continuó como embajadora de la Fundación. Se entrevistó con el Presidente Franklin D. Rossevelt, quien había tenido polio y debía usar aparatos de soporte en las piernas y una silla  de ruedas. Ambos mostraron que la gente puede superar sus impedimentos físicos y llegar lejos. Helen trabajó para que fueran aprobadas leyes que ayudaran a los ciegos. Así, las personas ciegas recibirían dinero para la escuela y para capacitación laboral; se obtuvieron fondos para que en la bibliotecas públicas hubiera audiolibros. Estas leyes ayudaron a los ciegos a vivir con independencia.

Helen visitó Japón a final de la década de 1930.

Los japoneses habían oído hablar de Helen pero muchos no creían que fuera cierto lo que se decía de ella. En Japón no se trataba muy bien a los ciegos. Recibían poca educación y escasa ayuda del gobierno. La visita de Helen cambió esa situación.

HELEN CON EL PRESIDENTE ROOSEVELT

FRANKLIN DELANO ROOSEVELT

FRANKLIN DELANO ROOSEVELT FUE EL 32°
PRESIDENTE DE ESTADOS UNIDOS. CUANDO TENÍA 39
AÑOS LE DIO POLIO Y NUNCA MÁS PUDO CAMINAR
SIN LA AYUDA DE APARATOS DE SOPORTE PARA
LAS PIERNAS Y MULETAS. PERO ESE IMPEDIMENTO
NO LE IMPIDIÓ SER UNO DE LOS PRESIDENTES MÁS
IMPORTANTES DEL PAÍS. ASUMIÓ EL CARGO DURANTE
LA GRAN DEPRESIÓN Y CREÓ MUCHOS PROGRAMAS
GUBERNAMENTALES QUE DIERON TRABAJO A LOS
DESEMPLEADOS. TAMBIÉN DIRIGIÓ EL PAÍS DURANTE
LA SEGUNDA GUERRA MUNDIAL.

EN SUS TRANSMISIONES POR
RADIO DABA ESPERANZA
A LOS ESTADOUNIDENSES
EN TIEMPOS DE GRANDES
PELIGROS E INCERTIDUMBRE.
MURIÓ EN 1945, CERCA
DEL FINAL DE LA GUERRA.
FUE ELEGIDO A LA
PRESIDENCIA CUATRO
VECES Y LA EJERCIÓ MÁS
TIEMPO QUE NINGÚN
OTRO PRESIDENTE.

Como sabían que a Helen le gustaban los perros, el pueblo japonés le regaló un perro de raza Akita, hermoso. Este regalo era una muestra de lo mucho que la respetaban. Entonces, Helen regresó a casa.

Después de que terminó la Segunda Guerra Mundial en 1945, Helen viajó alrededor del mundo una vez más. Se entrevistó con soldados ciegos a quienes dio aliento y esperanza.

Helen siguió hablando en nombre de las personas con capacidades diferentes por el resto de su vida. Se entrevistó con cada presidente, desde Grover Cleveland hasta John F. Kennedy.

En 1956, Helen publicó el libro *Maestra: Anne Sullivan Macy*, sobre la vida de quien, de muchas maneras, había dado a Helen su vida.

En Broadway se estrenó una obra de teatro llamada *The Miracle Worker* en 1959. Contaba la historia de Annie y Helen cuando esta era pequeña. Tiempo después, se haría una película muy popular basada en esa obra de teatro.

Helen murió el 1 de junio de 1968, poco antes de cumplir ochenta y ocho años. Había sido una fuente de inspiración para muchos... su historia continúa inspirándonos hoy día.

CRONOLOGÍA DE LA VIDA DE HELEN KELLER

1880	Helen Keller nace en Tuscumbia, Alabama, el 27 de junio
1882	Helen pierde la vista, el oído y la capacidad de hablar
1887	Annie Sullivan llega al hogar de los Keller
1888	Helen visita la Escuela Perkins
1894	Helen estudia en la Escuela Wright-Humason en Nueva York
1895	Helen estudia en la Escuela de Cambridge para Señoritas
1900	Helen estudia en Radcliffe
1903	Helen publica *La historia de mi vida*
1904	Helen se gradúa con honores de Radcliffe
1905	Annie se casa con John Macy
1914	Helen contrata a Polly Thomson
1918	Helen protagoniza la película *Deliverance*
1919	Helen comienza a viajar con el vodevil
1924	Helen comienza a trabajar para la Fundación Estadounidense para Ciegos
1929	Helen escribe *Midstream*
1936	Muere Annie
1937	Helen y Polly viajan a Japón
1955	Helen publica *Maestra: Anne Sullivan Macy*
1968	Helen Keller muere el 1 de junio

CRONOLOGÍA DEL MUNDO

Thomas Edison inventa el primer bombillo práctico	1879
Se inventa la primera bicicleta comercialmente exitosa	1885
La cremallera es presentada en la Feria Universal de Chicago	1893
Nace Walt Disney	1901
Beatrix Potter publica *El cuento de Perico, el conejo travieso*	1902
Un gran terremoto golpea a San Francisco	1906
Henry Ford produce el primer Modelo T	1908
Estados Unidos entra a la Primera Guerra Mundial	1917
Se concede a las mujeres el derecho a votar en Estados Unidos	1920
Se inventa la televisión	1923
Charles Lindbergh hace el primer viaje sin paradas a través del Atlántico	1927
Se estrena la primera película con sonido	1927
Se derrumba el mercado bursátil	1929
Los japoneses atacan Pearl Harbor; E.U.A entra a la Segunda Guerra Mundial	1941
Isabel II asciende al trono de Inglaterra	1952
Yuri Gagarin, cosmonauta soviético, se convierte en el primer humano en orbitar la Tierra	1961
Martin Luther King, Jr. pronuncia su discurso "Tengo un sueño"	1963
El astronauta Neil Armstrong camina en la Luna	1969